¿Qué es la Declaración de Independencia?

Nancy Harris

Heinemann Library
Chicago, IL

HEINEMANN-RAINTREE

TO ORDER:

☎ Phone Customer Service **888-454-2279**

💻 Visit **www.heinemannraintree.com** to browse our catalog and order online.

©2008 Heinemann-Raintree
a division of Pearson Education Limited
Chicago, Illinois

Editorial: Rebecca Rissman
Design: Kimberly R. Miracle and Betsy Wernert
Illustrations: Mapping Specialists
Photo Research: Tracy Cummins and Heather Mauldin
Production: Duncan Gilbert

Originated by Modern Age
Printed and bound by South China Printing Company
Translation into Spanish by DoubleO Publishing Services
The paper used to print this book comes from sustainable resources.

ISBN-13: 978-1-4329-1978-8 (hc)
ISBN-10: 1-4329-1978-4 (hc)
ISBN-13: 978-1-4329-1984-9 (pb)
ISBN-10: 1-4329-1984-9 (pb)

12 11 10 09 08
10 9 8 7 6 5 4 3 2 1

Library of Congress Cataloging-in-Publication Data

Harris, Nancy, 1956-
    [What's the Declaration of Independence? Spanish]
¿Aquí es la Declaración de independencia? / Nancy Harris.
        p. cm. -- (Mi primera guía acerca del gobierno)
    Includes index.
    ISBN-13: 978-1-4329-1978-8 (hc)
    ISBN-10: 1-4329-1978-4 (hc)
    ISBN-13: 978-1-4329-1984-9 (pb)
    ISBN-10: 1-4329-1984-9 (pb)
    1. United States. Declaration of Independence--Juvenile literature. 2. United States--Politics and government--1775-1783--Juvenile literature. I. Title.
E221.H2318 2008
973.3'13--dc22
                                        2008037304

Acknowledgments
The author and publisher are grateful to the following for permission to reproduce copyright material: ©Corbis **p. 29** (Kevin Dodge); ©Getty Images **p. 16** (Stock Montage); ©North Wind Picture Archives **pp. 6** (North Wind), **18** (North Wind); ©Redux **p. 28** (The New York Times/Paul Hosefros); ©The Bridgeman Art Library International **pp. 13** (Atwater Kent Museum of Philadelphia, Courtesy of Historical Society of Pennsylvania Collection), **24** (Boltin Picture Library), **25** (Private Collection, Peter Newark American Pictures); ©The Granger Collection, New York, **pp. 7, 8, 9, 10, 11, 12, 14, 15, 17, 19, 21, 26, 27**; ©The National Archives and Records Administration **pp. 5, 20, 22, 23**.

Cover image used with permission of ©The Bridgeman Art Library International (Private Collection, Peter Newark American Pictures).

The publishers would like to thank Nancy Harris for her assistance in the preparation of this book.

Disclaimer

Contenido

Algunas palabras aparecen en negrita, **como éstas.**
Puedes averiguar su significado en el glosario.

¿Qué es la Declaración de Independencia?

La Declaración de Independencia es un **documento** (texto escrito) muy importante. Fue redactada por un grupo de hombres que vivía en las **colonias** norteamericanas. Las colonias dependían del **gobierno** de Gran Bretaña. Luego, se convirtieron en los Estados Unidos de América.

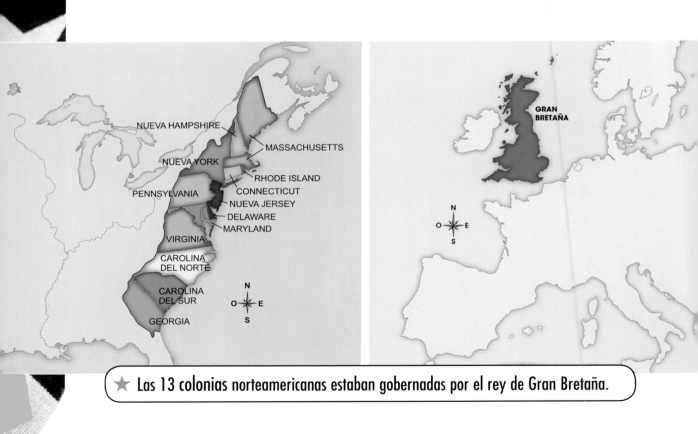

NUEVA HAMPSHIRE

MASSACHUSETTS

NUEVA YORK

RHODE ISLAND

PENNSYLVANIA

CONNECTICUT

NUEVA JERSEY

DELAWARE

MARYLAND

VIRGINIA

CAROLINA DEL NORTE

CAROLINA DEL SUR

GEORGIA

N O E S

GRAN BRETAÑA

N O E S

★ Las 13 colonias norteamericanas estaban gobernadas por el rey de Gran Bretaña.

IN CONGRESS, JULY 4, 1776.

The unanimous Declaration of the thirteen united States of America,

When in the Course of human events, it becomes necessary for one people to dissolve the political bands which have connected them with another, and to assume among the powers of the earth, the separate and equal station to which the Laws of Nature and of Nature's God entitle them, a decent respect to the opinions of mankind requires that they should declare the causes which impel them to the separation. —— We hold these truths to be self-evident, that all men are created equal, that they are endowed by their Creator with certain unalienable Rights, that among these are Life, Liberty and the pursuit of Happiness. — That to secure these rights, Governments are instituted among Men, deriving their just powers from the consent of the governed, — That whenever any Form of Government becomes destructive of these ends, it is the Right of the People to alter or to abolish it, and to institute new Government, laying its foundation on such principles and organizing its powers in such form, as to them shall seem most likely to effect their Safety and Happiness. Prudence, indeed, will dictate that Governments long established should not be changed for light and transient causes; and accordingly all experience hath shewn, that mankind are more disposed to suffer, while evils are sufferable, than to right themselves by abolishing the forms to which they are accustomed. But when a long train of abuses and usurpations, pursuing invariably the same Object evinces a design to reduce them under absolute Despotism, it is their right, it is their duty, to throw off such Government, and to provide new Guards for their future security. — Such has been the patient sufferance of these Colonies; and such is now the necessity which constrains them to alter their former Systems of Government. The history of the present King of Great Britain is a history of repeated injuries and usurpations, all having in direct object the establishment of an absolute Tyranny over these States. To prove this, let Facts be submitted to a candid world. —— He has refused his Assent to Laws, the most wholesome and necessary for the public good. —— He has forbidden his Governors to pass Laws of immediate and pressing importance, unless suspended in their operation till his Assent should be obtained; and when so suspended, he has utterly neglected to attend to them. —— He has refused to pass other Laws for the accommodation of large districts of people, unless those people would relinquish the right of Representation in the Legislature, a right inestimable to them and formidable to tyrants only. —— He has called together legislative bodies at places unusual, uncomfortable, and distant from the depository of their public Records, for the sole purpose of fatiguing them into compliance with his measures. —— He has dissolved Representative Houses repeatedly, for opposing with manly firmness his invasions on the rights of the people. —— He has refused for a long time, after such dissolutions, to cause others to be elected; whereby the Legislative powers, incapable of Annihilation, have returned to the People at large for their exercise; the State remaining in the mean time exposed to all the dangers of invasion from without, and convulsions within. —— He has endeavoured to prevent the population of these States; for that purpose obstructing the Laws for Naturalization of Foreigners; refusing to pass others to encourage their migrations hither, and raising the conditions of new Appropriations of Lands. —— He has obstructed the Administration of Justice, by refusing his Assent to Laws for establishing Judiciary powers. —— He has made Judges dependent on his Will alone, for the tenure of their offices, and the amount and payment of their salaries. —— He has erected a multitude of New Offices, and sent hither swarms of Officers to harrass our people, and eat out their substance. —— He has kept among us, in times of peace, Standing Armies without the Consent of our legislatures. —— He has affected to render the Military independent of and superior to the Civil power. —— He has combined with others to subject us to a jurisdiction foreign to our constitution, and unacknowledged by our laws; giving his Assent to their Acts of pretended Legislation: —— For Quartering large bodies of armed troops among us: —— For protecting them, by a mock Trial, from punishment for any Murders which they should commit on the Inhabitants of these States: —— For cutting off our Trade with all parts of the world: —— For imposing Taxes on us without our Consent: —— For depriving us in many cases, of the benefits of Trial by Jury: —— For transporting us beyond Seas to be tried for pretended offences: —— For abolishing the free System of English Laws in a neighbouring Province, establishing therein an Arbitrary government, and enlarging its Boundaries so as to render it at once an example and fit instrument for introducing the same absolute rule into these Colonies: —— For taking away our Charters, abolishing our most valuable Laws, and altering fundamentally the Forms of our Governments: —— For suspending our own Legislatures, and declaring themselves invested with power to legislate for us in all cases whatsoever. —— He has abdicated Government here, by declaring us out of his Protection and waging War against us. —— He has plundered our seas, ravaged our Coasts, burnt our towns, and destroyed the lives of our people. —— He is at this time transporting large Armies of foreign Mercenaries to compleat the works of death, desolation and tyranny, already begun with circumstances of Cruelty & perfidy scarcely paralleled in the most barbarous ages, and totally unworthy the Head of a civilized nation. —— He has constrained our fellow Citizens taken Captive on the high Seas to bear Arms against their Country, to become the executioners of their friends and Brethren, or to fall themselves by their Hands. —— He has excited domestic insurrections amongst us, and has endeavoured to bring on the inhabitants of our frontiers, the merciless Indian Savages, whose known rule of warfare, is an undistinguished destruction of all ages, sexes and conditions. In every stage of these Oppressions We have Petitioned for Redress in the most humble terms: Our repeated Petitions have been answered only by repeated injury. A Prince, whose character is thus marked by every act which may define a Tyrant, is unfit to be the ruler of a free people. Nor have We been wanting in attentions to our Brittish brethren. We have warned them from time to time of attempts by their legislature to extend an unwarrantable jurisdiction over us. We have reminded them of the circumstances of our emigration and settlement here. We have appealed to their native justice and magnanimity, and we have conjured them by the ties of our common kindred to disavow these usurpations, which, would inevitably interrupt our connections and correspondence. They too have been deaf to the voice of justice and of consanguinity. We must, therefore, acquiesce in the necessity, which denounces our Separation, and hold them, as we hold the rest of mankind, Enemies in War, in Peace Friends. ——

We, therefore, the Representatives of the united States of America, in General Congress, Assembled, appealing to the Supreme Judge of the world for the rectitude of our intentions, do, in the Name, and by Authority of the good People of these Colonies, solemnly publish and declare, That these United Colonies are, and of Right ought to be Free and Independent States; that they are Absolved from all Allegiance to the British Crown, and that all political connection between them and the State of Great Britain, is and ought to be totally dissolved; and that as Free and Independent States, they have full Power to levy War, conclude Peace, contract Alliances, establish Commerce, and to do all other Acts and Things which Independent States may of right do. —— And for the support of this Declaration, with a firm reliance on the protection of divine Providence, we mutually pledge to each other our Lives, our Fortunes and our sacred Honor.

John Hancock

Button Gwinnett
Lyman Hall
Geo Walton.
Wm Hooper
Joseph Hewes,
John Penn
Edward Rutledge
Thos Heyward Junr.
Thomas Lynch Junr.
Arthur Middleton
Samuel Chase
Wm. Paca
Thos. Stone
Charles Carroll of Carrollton
George Wythe
Richard Henry Lee
Th Jefferson
Benja Harrison
Robt Morris
Benjamin Rush
Benja. Franklin
John Morton
Geo Clymer
Jas. Smith
Geo. Taylor
James Wilson
Geo. Ross
Caesar Rodney
Geo Read
Tho M:Kean
Wm Floyd
Phil. Livingston
Frans. Lewis
Lewis Morris
Richd. Stockton
Jno Witherspoon
Fras. Hopkinson
John Hart
Abra Clark
Josiah Bartlett
Wm. Whipple
Saml Adams
John Adams
Robt Treat Paine
Elbridge Gerry
Step. Hopkins
William Ellery
Roger Sherman
Saml Huntington
Wm. Williams
Oliver Wolcott
Matthew Thornton

La Declaración de Independencia fue una carta dirigida al rey de Gran Bretaña.

La Declaración de Independencia fue escrita para el rey de Gran Bretaña. El documento le comunicaba que las colonias norteamericanas se independizaban de Gran Bretaña. Los colonos ya no deseaban estar bajo el dominio del rey. Querían formar un nuevo país.

Las colonias norteamericanas

Existían 13 **colonias** en Norteamérica. Una colonia es un sitio al que se mudan personas provenientes de otro país. Las personas que viven en colonias se llaman **colonos**. Los colonos dependen del **gobierno** del líder de su país de origen.

★ A los colonos no les agradaba ser gobernados por Gran Bretaña.

Los habitantes de las 13 colonias dependían del gobierno del rey de Gran Bretaña: el rey Jorge III. El rey dictaba las **leyes** (normas) que los colonos debían obedecer.

★ El rey Jorge III era muy poderoso.

Descontento entre los colonos

A los **colonos** no les agradaba ser gobernados por el rey de Gran Bretaña. Sentían que los trataba injustamente.

⭐ Los colonos provocaron incendios para demostrar su desacuerdo con el rey.

★ El rey envió cartas con nuevas leyes a las colonias.

El rey redactó **leyes** que no agradaron a los colonos. Los colonos consideraron que esas leyes los perjudicaban.

Impuestos

El rey obligaba a los **colonos** a pagar dinero a Gran Bretaña. Este dinero se llamaba **impuesto**. El rey obligaba a pagar impuestos por el té y el papel. Los colonos consideraban que los impuestos eran demasiado altos.

⭐ Los colonos pelearon contra el impuesto al té.

★ Los colonos se disgustaron al imponer el rey un impuesto sobre el papel de las estampillas.

Los colonos querían decidir cómo ser gobernados. Consideraban que debían decidir qué impuestos debían pagar. Querían que el rey escuchara sus opiniones y necesidades.

Adoptar una posición

El rey Jorge III no atendió a los deseos de los **colonos**. Continuó gobernando las colonias a la distancia. Esto generó mucho descontento entre los colonos.

★★★ Los colonos en Nueva York derribaron la estatua del rey Jorge como prueba de su enojo.

Los colonos querían decidir cómo ser gobernados. Un grupo de hombres se reunió en la ciudad de Filadelfia. El objetivo era decidir qué hacer a partir de ese momento.

⭐ Los colonos se reunieron en el *Carpenter's Hall* en Filadelfia.

El Segundo Congreso Continental

★★★ El Segundo Congreso Continental fue liderado por George Washington.

Los hombres se reunieron en la Legislatura de Filadelfia. Conformaron un grupo que se llamó el **Segundo Congreso Continental**. Entre los miembros del grupo había un representante de cada una de las 13 **colonias**, excepto Georgia.

El grupo decidió que era necesario independizarse de Gran Bretaña. Eligieron un **comité** (grupo) para redactar un documento dirigido al rey Jorge III. En este escrito le informarían de por qué los **colonos** se independizaban de Gran Bretaña.

★ El grupo trabajó en conjunto para redactar sus opiniones para el rey.

Redacción de la Declaración de Independencia

Se formó un **comité** de cinco personas para escribir el **documento**. Se pidió a uno de los miembros que redactara el primer borrador. Este hombre era Thomas Jefferson.

★★★ Más adelante, Thomas Jefferson se convertiría en el tercer presidente de los Estados Unidos.

★★★ Thomas Jefferson se preocupó por asegurarse de que el documento transmitiera los deseos de los colonos.

Fue muy cuidadoso en la redacción del documento. Se propuso expresar por medio de él los sentimientos de los **colonos**. Deseaba que el rey Jorge III comprendiera cómo se sentían.

★
★
★ Thomas Jefferson sabía que los Estados Unidos podría necesitar ayuda de dirigentes de otros países.

También escribió este **documento** para obtener el apoyo de otros países. Las **colonias** estaban a punto de convertirse en un nuevo país. Él comprendía que podrían necesitar ayuda de otros países.

★ Estos hombres incorporaron cambios al primer borrador.

Después de que Jefferson terminara su primer borrador, lo leyeron los otros cuatro miembros del comité. Ellos eran John Adams, Benjamin Franklin, Roger Sherman y Robert Livingston. Estos hombres hicieron cambios al documento.

La Declaración de Independencia

Preámbulo

La primera parte de la Declaración de Independencia es el **preámbulo**. Allí se explica el motivo de la redacción de la Declaración de Independencia y por qué los **colonos** se independizan de Gran Bretaña. El preámbulo comunica por qué querían ser **independientes** (libres) del régimen británico.

IN CONGRESS, JULY 4, 1776.

The unanimous Declaration of the thirteen united States of America.

El preámbulo transmite al Rey que todos los seres humanos merecen la vida, la libertad y la búsqueda de la felicidad.

★★★ Los autores pensaron con detenimiento acerca de los derechos de los colonos.

Gobierno y derechos

Los autores de la Declaración de Independencia establecen cómo debe funcionar un **gobierno**. Expresan los **derechos** de los colonos. Los derechos son libertades que las personas tienen. Los autores manifestaron que el pueblo tenía derecho a decidir cómo ser gobernado.

El rey Jorge III

Luego, los autores incluyeron un listado donde detallaban de qué manera el rey Jorge III había sido injusto con los **colonos**. Querían que los pueblos de otros países comprendieran por qué los colonos se independizaban del régimen británico.

Los colonos tenían muchas quejas hacia el rey.

La independencia

Al final del **documento**, los autores establecen que a partir de ese momento las **colonias** se declaraban separadas de Gran Bretaña. Por lo tanto, **independientes** del régimen británico. Las colonias son ahora Estados independientes que pueden decidir cómo gobernarse.

★★★ El final de la Declaración de Independencia declaraba a las colonias libres.

Firma de la Declaración de Independencia

⭐⭐⭐ Era importante asegurarse de que todos estuvieran de acuerdo con la Declaración de Independencia.

El **documento** final fue leído por todos los miembros del **Segundo Congreso Continental**. El grupo votó a favor del documento el 4 de julio de 1776. También fue leído y **aprobado** por los habitantes de las 13 **colonias**.

Los miembros del Segundo Congreso Continental firmaron la Declaración de Independencia el 2 de agosto de 1776. Contiene 56 firmas. La primera persona en firmarla fue John Hancock. John Hancock era el presidente del Segundo Congreso Continental.

★ La firma de John Hancock es la más grande.

La Guerra Revolucionaria

Los **colonos** norteamericanos pelearon en una guerra contra Gran Bretaña. Esta guerra tenía como objetivo liberarse del dominio británico. La guerra comenzó en 1775 y se llamó Guerra Revolucionaria.

⭐ Los colonos debieron luchar por su libertad.

★ Los colonos celebraron después de la guerra.

La Declaración de Independencia se redactó durante
la guerra. Los colonos ganaron la guerra en 1783. Se
independizaron del régimen británico y formaron los
Estados Unidos de América.

Celebración de la Declaración de Independencia

★★★ El presidente George W. Bush y la primera dama Laura Bush observan la Declaración de Independencia.

La Declaración de Independencia se exhibe ahora en el edificio de los Archivos Nacionales. Los visitantes pueden apreciar el **documento** durante los horarios de visita. Los Archivos Nacionales se encuentran en Washington, D.C., capital de nuestra nación.

★ ¡La Declaración de Independencia dio a los norteamericanos la libertad!

La Declaración de Independencia fue el comienzo de un nuevo país. Este nuevo país se llamó Estados Unidos de América. Todos los años, el 4 de julio, el pueblo de los Estados Unidos celebra su independencia.

Glosario

aprobar estar de acuerdo con algo

colonia sitio al que se mudan personas provenientes de otro país. Una colonia está gobernada por el país del cual provienen los colonos.

colono persona que vive en una colonia

comité grupo de personas que se elige para desempeñar una tarea determinada

derechos libertades que tienen las personas. Entre los derechos se incluye el derecho a expresar y escribir lo que pensamos.

documento texto escrito. La Declaración de Independencia es un documento.

gobierno grupo de dirigentes que elabora las leyes para una ciudad, un estado o país

impuesto dinero que una persona debe pagar a un estado o país

independiente cuando eres libre de decidir cómo vivir y qué hacer

ley norma que debe ser respetada en un estado o país

preámbulo primera parte de un texto. Se incluye para informar de por qué se ha escrito el documento.

Segundo Congreso Continental grupo de personas que incluía un representante de cada una de las 13 colonias. Se reunieron para expresar las necesidades de los habitantes de sus colonias.

Descubre más

Lectura adicional

Un adulto puede ayudarte con estos libros:

Furgang, Kathy. *The Declaration of Independence and Thomas Jefferson of Virginia.* New York: Rosen Publishing, 2002.

Rosen, Daniel. *Independence Now: The American Revolution, 1763-1783.* Washington, D.C.: National Geographic, 2004.

Yero, Judith Lloyd. *The Declaration of Independence.* Washington, D.C.: National Geographic, 2006.

Sitios Web

Ben's Guide to U.S. Government
Visita **http://bensguide.gpo.gov/** para disfrutar de juegos y aprender todo sobre el gobierno de los Estados Unidos.

Dónde se encuentra la Declaración de Independencia

La Declaración de Independencia se exhibe en la Rotonda en los Archivos Nacionales. La Rotonda abre todos los días de 9 a.m. a 5 p.m. en otoño e invierno, y de 10 a.m. a 7 p.m. en primavera y verano.

La dirección de los Archivos Nacionales es:
700 Pennsylvania Avenue, NW
Washington, D.C. 20408

Índice

D1362165

VALLEY FORGE

AMERICAN LANDMARKS

Jason Cooper

The Rourke Corporation, Inc.
Vero Beach, Florida 32964

PHOTO CREDITS:
© Gene Ahrens: page7; © James P. Rowan: cover, pages 8, 12, 13; courtesy of
Valley Forge National Historical Park: title page, pages 4, 10, 15, 17, 18, 21

CREATIVE SERVICES:
East Coast Studios, Merritt Island, Florida

EDITORIAL SERVICES:
Susan Albury

Library of Congress Cataloging-in-Publication Data

Cooper, Jason, 1942-
    Valley Forge / by Jason Cooper
        p. cm. — (American Landmarks)
    Includes bibliographical references (p. 24) and index.
    Summary: Describes the hardships endured by General George Washington
and the Continental Army dUring the winter of 1777-1778 at Valley Forge,
Pennsylvania.
    ISBN 0-86593-547-5
    1. United States—History—Revolution, 1775-1783 Juvenile literature. 2.
Washington, George, 1732-1799—Headquarters—Pennsylvania—Valley Forge
Juvenile literature. 3. Valley Forge (Pa.)—History Juvenile literature. 4. Valley Forge
National Historical Park (Pa.) Juvenile literature. [1. United States—History—
Revolution, 1775-1783. 2. Washington, George, 1732-1799. 3. Valley Forge (Pa.)
4. Valley Forge National Historical Park (Pa.)] I. Title. II. Series: Cooper, Jason,
1942- American landmarks.
E234.C74 1999
973.3'34—dc21   99-27474
                                                                 CIP

$13.45

Printed in the USA

J
917.48
COO
c. 1

3-00

TABLE OF CONTENTS

VALLEY FORGE

Americans will always remember the spirit of Valley Forge. It was here, in Pennsylvania, that George Washington and the Continental Army of the 13 American **colonies** (KAH luh neez) spent the winter of 1777-1778. Their courage and sacrifice triumphed over hardship and helped save the new nation.

Valley Forge is an area along the Schuylkill River 18 miles (29 kilometers) northwest of Philadelphia. It was named for an iron **forge** (FORDJ) along Valley Creek. A forge is a place where iron is heated until it melts and can be shaped.

Sunset washes over Revolutionary War cannons at Valley Forge National Military Park.

General Washington's army of some 12,000 men were underfed and poorly clothed when they arrived at Valley Forge on December 19, 1777. About 2,000 soldiers died that winter. Many died from **smallpox** (SMAHL pahks), **typhoid fever** (TI foyd FEE vur), and other diseases. The cold, raw weather killed some men who didn't have proper clothing. On December 23, Washington wrote "We have...no less than 2,873 men... unfit for duty because they are bare-footed and otherwise naked."

Valley Forge is remembered for the hardships of winter. But Washington's army was encamped here until mid-June.

BEFORE VALLEY FORGE

By December 1777, Washington's army was weary, ragged, and nearly beaten. America's war with the British was going badly.

The Revolutionary War had begun in April 1775. It matched the 13 American colonies against mighty Great Britain.

Great Britain had started the American colonies in the early 1600s. But by the mid-1700s, many of the people who lived in the colonies—the **colonists** (KAH luh nists)—wanted freedom from Great Britain.

The long guns of the revolution had to be reloaded by hand after each shot. The men are dressed like Washington's militiamen, who were part-time soldiers.

On the other hand, Great Britain wanted to keep the colonies and their taxes.

After more than a year of war, the colonies declared their freedom with the Declaration of Independence on July 4, 1776. The colonies clearly told Great Britain that they were a new and separate nation.

In late August 1777, a British army moved toward Philadelphia, capital of the colonies. Washington's army tried to stop the British, but failed. The British defeated Washington at Brandywine in September and Germantown in October. The British marched into Philadelphia and spent the winter snug, warm, and well fed.

General Washington's regular army soldiers dressed in blue coats. Rebuilt huts, like those used in the winter of 1777-1778, are in the background.

General Knox's artillery—the army's collection of cannons—could have been moved quickly from Artillery Park if the British had attacked. The artillery moved out with the army when it left Valley Forge in June 1778.

The Memorial Arch at Valley Forge was opened in 1917 to honor the patience and loyalty of American soldiers.

WINTER AT VALLEY FORGE

As winter 1777 neared, Washington picked Valley Forge as a safe headquarters for his army. The high ground of Mount Day and Mount Misery, along with the Schuylkill River, made Valley Forge easy to defend.

Washington's men built over 1,000 wood huts. They provided shelter, but did little to stop the spread of disease. Washington asked the new American government for help, but none came.

Huts like these housed the Continental Army at Valley Forge. The war against the British continued until 1783.

Meat and bread were often hard to find. Sometimes the men ate a tasteless mix of flour and water. With good humor, they called it "firecake."

Shortly after the army reached Valley Forge, the river froze. Snow covered the ground. Winter was cruel. Many men died. Others sneaked away from Valley Forge and **deserted** (duh ZURT id) the army. Hundreds of tired, worn horses starved to death.

Sentries stood guard at Valley Forge to watch for British surprise attacks. Valley Forge was fairly easy to defend, and the British army remained wintered in Philadelphia.

Washington had little outside support. Congress could not afford supplies. And many colonists did not care whether America won or lost the war. In fact, many colonists, called **Tories** (TOR eez), hoped the British would win.

Finally, in February 1778, Washington received help in the person of Baron Friedrich Wilhelm von Steuben.

The Isaac Potts House looks much the same now on a spring day as it did in the spring of 1778. This house was the headquarters of General Washington.

BARON VON STEUBEN

Baron Friedrich von Steuben was a former officer in the Prussian Army. He spoke little English, but that was not important. He wanted to help the Continental Army defeat the British.

Von Steuben was a fine teacher, and Washington was wise to let him train Continental soldiers. Von Steuben wrote papers on how to prepare an army for war. He showed the Americans how to better march, handle weapons, and fight.

By springtime 1778, the Continental Army was well trained and ready to fight.

Washington gave General Friedrich von Steuben the task of training the Continental Army at Valley Forge. Von Steuben was an excellent teacher.

VISITING VALLEY FORGE

Valley Forge National Military Park preserves the campsite of George Washington's army. Memorials and monuments recall the men who suffered there.

Visitors can watch an 18-minute film at the Valley Forge Visitors Center. The center displays firearms, swords, and other antiques from Revolutionary War times.

A tour route leads visitors past George Washington's headquarters and rebuilt huts. Visitors can also see earth mounds that soldiers built as defenses against the British.

GLOSSARY

colonist (KAH luh nist) — one who helps settle a new colony or who lives in a colony

colony (KAH luh nee) — a place settled by people who keep ties to their former nation; a place apart from but ruled by the nation that started it

deserted (duh ZURT id) — having left behind; having illegally left the armed forces

forge (FORDJ) — a place where metal is heated to high temperatures so that it can be shaped

smallpox (SMAHL pahks) — an often-deadly disease caused by a virus and marked by sores

Tory (TOR ee) — one in Colonial America who was loyal to the British

typhoid fever (TI foyd FEE vur) — a sometimes deadly disease caused by bacteria and marked by fever, diarrhea, and headache

INDEX

FURTHER READING

Find out more about Valley Forge with these helpful books and information sites:

• Cater, Alden R.. *The American Revolution.* Franklin Watts, 1992.
• Giblin, James Cross. *George Washington: A Picture Book Biography.* Scholastic, 1992.
• Heilbroner, Joan. *Meet George Washington.* Random House, 1984.
• The National Park Service on line at www.nps.gov

AAW-4773